Das große Buch für Lesemäuse
mit den folgenden Geschichten:

Janko, das kleine Wildpferd

Max und der Wackelzahn

Ich hab eine Freundin, die ist Polizistin

Tom bei den Piraten

Dinosaurier

Immo, der kleine Seehund

CARLSEN

Janko, das kleine Wildpferd

Eine Geschichte von Ria Gersmeier mit
Bildern von Susanne Laschütza

CARLSEN

Janko, das kleine Hengstfohlen, kommt im Frühling zur Welt.
Elf Monate ist Janko im warmen Bauch der Mutter herangewachsen.
Nun liegt er nass und erschöpft auf dem Boden, am Rande einer blühenden Wiese.
Die Pferdemutter leckt ihr Kind so lange, bis sein Fell trocken ist.
Sie nimmt so den Geruch des Kleinen auf und kann ihn dann später immer wiedererkennen.

Das kleine Fohlen versucht sich aufzurichten. Es ist aber gar nicht so einfach, sich auf vier Beine zu stellen. Immer wieder knickt ein Bein ein und es fällt um. Wie ist das anstrengend!
Endlich steht Janko leicht schwankend vor der Mutter. Er findet schnell das Euter und trinkt mit großen Schlucken die Milch. Mindestens ein halbes Jahr, meist noch länger, wird ein Fohlen von der Mutter gesäugt.
Alle Pferde, die zur Familiengruppe gehören, schauen sich neugierig den Familienzuwachs an.

Das kleine Hengstfohlen beobachtet die Mutter beim Grasen. Ruhig rupft die Stute Grasbüschel um Grasbüschel. Das will das kleine Fohlen auch probieren. Aber es ist gar nicht so einfach, mit dem Maul bis zum Boden zu gelangen, wenn man so lange Beine hat. Milch trinken bei der Mutter ist da doch leichter.
Danach will Janko schmusen. Sein aufforderndes Stupsen bringt die Mutter dazu, ihm liebevoll über das Köpfchen zu lecken. Dann ist aber Mutters Schweif viel interessanter. Kräftig beißt Janko hinein und zieht an den Haaren. Die Pferdemutter ist geduldig. Schließlich lässt das Fohlen von ihr ab und beginnt im Kreis um sie herum zu traben. Was für ein Spaß!

Jetzt fordert das Pferdekind die Mutter zum Spielen auf. Dabei legt es sein Vorderbein auf ihren Nacken und schubst sie ungeduldig. Die Stute dreht ihre Ohren seitlich und das bedeutet: »Wir spielen.« Übermütig galoppieren die beiden über die Wiese. Ein paar von den anderen Pferden schauen ihnen hinterher. Das dumpfe Dröhnen der trampelnden Pferdehufe ist nicht zu überhören.

Das Fohlen weiß, dass es sehr viel fressen muss, um genügend Nährstoffe aufzunehmen und zu wachsen. Schon in der Morgendämmerung beginnen die ersten Tiere der Gruppe zu grasen. Das geht den ganzen Tag so, bis in die Nacht hinein. Am liebsten frisst Janko Gras, aber auch Kräuter werden nicht verschmäht. Wenn die Weide abgegrast ist, zieht die Gruppe ein Stück weiter. Zwischendurch gibt es Ruhepausen, die die Pferde am liebsten auf einem Hügel verbringen. So haben sie den Überblick über die Gegend und können Gefahren schneller ausmachen.
Die Pferdemutter ruht tagsüber im Stehen. Das Fohlen und all die anderen Kleinen schlafen lang ausgestreckt auf der Wiese. Vom Spielen und Herumjagen sind sie ziemlich müde.

Die Ruhepause ist vorbei. Die Stuten fordern sich gegenseitig zur Fellpflege und zum Kraulen auf. Sie stecken ihre Köpfe zusammen und reiben sich die langen Hälse. Mit den Zähnen knabbern sie wechselseitig am Hals entlang und in den Mähnen. Währenddessen wälzt sich das Hengstfohlen übermütig auf dem Rücken hin und her. Plötzlich steht eine Stute aus einer anderen Familie vor Janko. Sie beschnuppert ihn, lockt das Fohlen und will sich mit ihm davonmachen. Als die Pferdemutter das bemerkt, kommt sie heran und warnt die fremde Stute mit nach hinten gelegten Ohren. Das bedeutet: »Pass bloß auf!« Janko trabt zu seiner Mutter und die andere Stute zieht allein ab.

Jetzt fordert die Leitstute die Familienmitglieder mit leisem Wiehern auf, gemeinsam zur Wasserstelle zu laufen. Janko spielt gerade mit einem anderen Pferdekind und denkt nicht daran, sich der Gruppe anzuschließen. Da muss die Mutter ihn erst kräftig in die Seite knuffen, bis er gehorcht und mitgeht.

Auf dem Weg zur Wasserstelle kommen die Pferde an einer Gruppe alter Stuten vorbei. Sie stehen gern zusammen im Schatten der Bäume und ruhen sich aus. Mit ihren kräftig schlagenden Schweifen vertreiben sie sich gegenseitig die Fliegen.
Eine junge Stute mit einem Fohlen grast in ihrer Nähe. Sie will auch zur Wasserstelle gehen und zieht die alten Pferde mit. In einer Reihe, dicht hintereinander, folgen sie den anderen.

Janko ist zu einem kräftigen jungen Hengst herangewachsen. Er befindet sich jetzt im Flegelalter. Temperamentvoll und mit schwungvollem Trab läuft er über die Wiese. Zusammen mit zwei anderen aus der Junghengstgruppe will er einen kleinen Wettlauf veranstalten. In zügigem Galopp rennen die drei durch einen feuchten Graben.

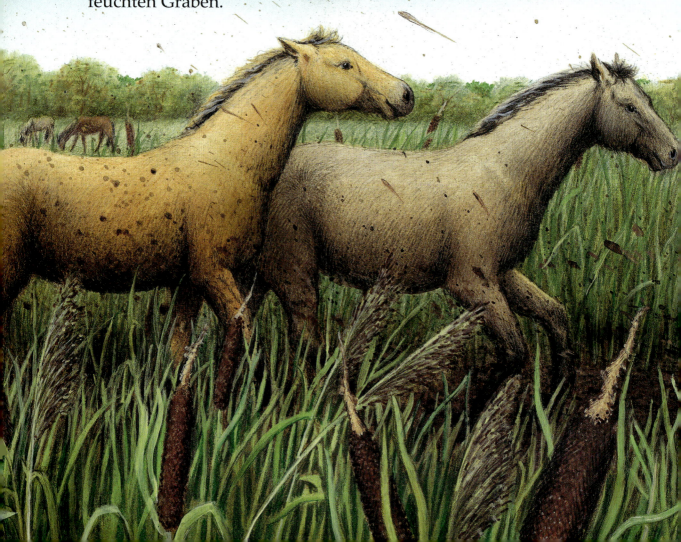

Die Dreckklumpen wirbeln nur so durch die Luft. Das macht Spaß! Nach dem Toben kommen die Wildlinge völlig verschmutzt aus dem Graben heraus. Von dem glänzenden Fell ist nicht mehr viel zu sehen.

Mit den anderen Junghengsten misst der kleine Hengst auch seine Kräfte. Er drängt sich dicht an seinen Mitspieler heran. Dann steigen beide auf ihren Hinterbeinen hoch und fletschen die Zähne mit weit zurückgelegter Oberlippe. Manchmal wird auch noch gebissen und mit den Hufen ausgeschlagen. Der kleine Hengst ist diesmal der Stärkere. Der Unterlegene wiehert zaghaft und trabt davon.

Zum Winter bekommt Janko ein zotteliges Winterfell. Die Haare wachsen bis auf zehn Zentimeter Länge heran und schützen ihn so vor grimmiger Kälte. Bei solcher Witterung sucht die Herde Schutz im Wald. Im Dickicht sind die Tiere kaum zu sehen und vor dem eisigen Wind geschützt.

Der kleine Hengst scharrt mit seinen Hufen den Schnee zur Seite und frisst das trockene Gras und auch ein wenig Moos. Er ist gesund und widerstandsfähig und kann so auch Frost und Eis trotzen. Und im nächsten Sommer wird er als großes Wildpferd gemeinsam mit seiner Familie über die Wiesen galoppieren.

Wissenswertes über Wildpferde

In Europa gibt es kaum noch wild lebende Pferdeherden. Die bekanntesten sind die Camargue-Pferde in Frankreich, eine Herde tarpanähnlicher Wildpferde in Polen und in Deutschland die Pferde im Merfelder Bruch in der Nähe von Dülmen. Dort lebt auch Janko. Diese Herde hat mehr als 300 Tiere. Sie leben auf einem ca. 350 ha großen Privatgelände des Herzogs von Croy unter natürlichen Lebensbedingungen: Sie werden nicht gefüttert und haben keinen Stall, wo sie Unterschlupf finden könnten. Sie stammen von einer Herde Wildpferde der Region ab, die sich mit verwilderten Hauspferden vermischt hat. Der Lebensraum im Merfelder Bruch ist begrenzt. Die Herde darf nicht größer werden. Einmal im Jahr veranstaltet der Herzog von Croy deshalb eine Auktion, auf der die einjährigen Hengste aus der Herde herausgefangen und verkauft werden.

Wir kennen Pferde meist als Reitpferde, die überwiegend im Stall stehen und regelmäßig geritten werden. Dabei leben Pferde, wenn sie nicht gezähmt und an den Menschen gewöhnt werden, ganz anders. Sie befinden sich in einem Familienverband mit dem Leithengst, der Leitstute und einigen anderen Stuten, deren Fohlen und älteren Kindern. Zu einem solchen Verband können 20 oder noch mehr Pferde gehören. Mehrere Familienverbände leben in relativer Nähe zueinander, denn ihr Revier grenzen wilde Pferde nicht sehr scharf ab, wenn die Gegend genügend Nahrung bietet. Pferde pflegen Freundschaften untereinander. Neben den Familien gibt es noch die Junggesellengruppe, die überwiegend aus Junghengsten, die noch keine eigene Stute gefunden haben, besteht.

Max und der Wackelzahn

Eine Geschichte von Christian Tielmann
mit Bildern von Sabine Kraushaar

CARLSEN

Max und seine Freundin Pauline spielen Monster. Und Monster sind vor allem eins: laut. „Uuuah, ich fresse dich!"
„Ruhe!", ruft Felix, der große Bruder von Max. „Ihr macht ja ein Geschrei, dass die Wände wackeln!"
„Quatsch! Die Wände wackeln noch lange nicht!", antwortet Max, das Obermonster.
„Bei mir wackelt höchstens ein Zahn!", sagt Pauline.
Max darf ganz vorsichtig in Paulines Mund fühlen. Da ist tatsächlich ein Zahn locker.
„Das kommt von eurem Geschrei", sagt Felix. „Wenn ihr so weiterschreit, fallen euch alle Zähne aus!"
Max glaubt Felix kein Wort. Er glaubt eher, dass Felix seine Ruhe haben will.

Aber als Max in der Nacht aufwacht, weil er von wilden Monstern mit riesigen Zähnen geträumt hat, merkt er, dass auch bei ihm ein Zahn wackelt. Der linke Schneidezahn unten sitzt nicht mehr ganz fest!
Was, wenn Felix doch Recht hat? Vielleicht haben er und Pauline doch ein bisschen zu laut geschrien? Fallen jetzt alle seine Zähne aus?

Vorsichtshalber weckt Max seine Eltern.
„Wir müssen sofort zum Zahnarzt! Der muss meinen Zahn wieder festkleben", sagt Max.
„Den muss man nicht festkleben." Papa gähnt. „Das ist ganz normal in deinem Alter. Deine Milchzähne fangen jetzt an zu wackeln und fallen aus, damit du Platz im Mund hast für die neuen, bleibenden Zähne."
„Kann ich nicht meine alten Zähne behalten?" Max ist mit seinen Zähnen eigentlich ganz zufrieden. Wozu braucht er also neue?
„Die bleibenden Zähne sind besser als deine Milchzähnchen, Max. Sie sind größer und außerdem sind es mehr."
Papa dreht sich im Bett herum, knipst das Licht aus und murmelt: „Und wer einen Wackelzahn hat, ist kein kleines Kind mehr, sondern ein großes. Das ist doch super."

„Ich hatte eine Schlägerei mit drei riesigen Monstern, aber ich habe sie alle besiegt!", sagt Pauline am nächsten Tag. „Leider hat mir eins der Monster einen Zahn ausgeschlagen!" Pauline grinst.
Und Max staunt: Pauline hat tatsächlich eine Zahnlücke. Der Schneidezahn, der gestern noch gewackelt hat, ist weg. Aber auf die Monstergeschichte von Pauline fällt Max natürlich nicht herein – es war ja nur ein Milchzahn.
Mit der Zahnlücke darf Pauline das Obermonster spielen. Schließlich sieht sie wirklich gefährlich aus. Max findet es ein bisschen unfair, dass Pauline schon eine Zahnlücke hat und er noch immer an seinem Zahn rumwackelt. Er drückt mit der Zunge und mit einem Finger gegen den Wackelzahn.
Aber es ist nichts zu machen: Der Zahn will einfach nicht raus.

„Ich kann dir den Zahn ziehen", schlägt Felix vor. „Wir könnten es mit der Kneifzange probieren. Oder mit einem Stück Schnur und der Angel!"
„Kommt nicht in Frage!" Auf so einen Blödsinn fällt Max garantiert nicht herein. Felix seufzt. „Na gut, Kleiner. Dann gibt es nur noch eine Möglichkeit: Du musst auf einem Bein rückwärts um den Esstisch hüpfen und dabei rufen: ‚Wackelpudding, Wackelpudding, Wackelpudding!'
Schon nach fünfzig Runden ist der Zahn draußen – versprochen."
„Das ist doch alles Quatsch mit Soße!", sagt Pauline. „Bei Wackelzähnen muss man einfach abwarten, bis sie ausfallen."

„Zähneputzen nicht vergessen!", ruft Mama am Abend.
„Wozu das denn?" Wenn die Milchzähne sowieso alle ausfallen, dann braucht er sie auch nicht mehr zu putzen, findet Max.
„Ich spül sie ab, wenn sie ausgefallen sind", schlägt er vor.
„Kommt nicht in Frage!", sagt seine Mutter. „Du musst auch die Milchzähne noch putzen, sonst gehen sie kaputt! Und bis die neuen Zähne da sind, brauchst du die alten ja noch!"

Ein paar Tage später hat Max einen Termin bei Frau Dr. Kraft. Frau Kraft ist Zahnärztin. Max fühlt sich ein bisschen mulmig, als er auf den großen Stuhl klettert, aber zum Glück ist Papa dabei und kann seine Hand halten. Max muss den Mund ganz weit aufsperren, damit Frau Kraft seine Zähne untersuchen kann.

„He, da wackelt ja schon einer!", freut sich Frau Kraft, als sie den Wackelzahn entdeckt. Sie nimmt einen kleinen Spiegel und betrachtet damit auch die Rückseite der Zähne.

„Deine Zähne sind gesund, Max. Du musst sie auch weiter gut putzen, damit das so bleibt. Am besten dreimal am Tag nach dem Essen."

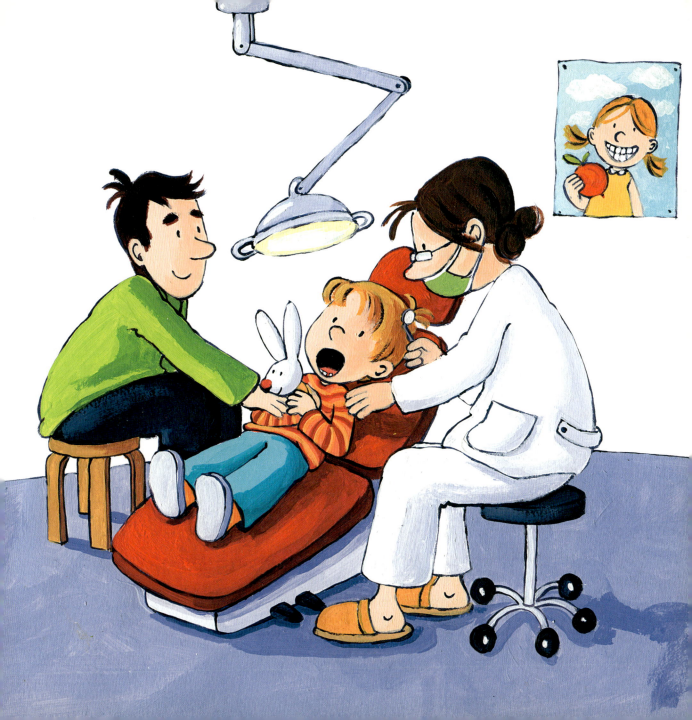

Auf dem Rückweg vom Zahnarzt wackelt Max die ganze Zeit an seinem Wackelzahn herum. Und als der Bus über einen Hubbel fährt, passiert es: Plötzlich ist der Zahn raus! Max spürt ihn auf der Zunge und holt ihn vorsichtig aus dem Mund. Es blutet ein bisschen, aber nicht viel. „Hurra!", ruft Max und zeigt seinem Vater stolz die Zahnlücke.

„Wir müssen unsere Zähne sammeln!", sagt Max.
„Genau! Das sind unsere Monsterzähne." Pauline nickt begeistert.
„Am besten basteln wir eine Monsterzahnschachtel, damit wir sie nicht verlieren."

Während die beiden zwei Streichholzschachteln für ihre Milchzähne bekleben und anmalen, rutscht Max mit der Zunge immer wieder in seine nagelneue Zahnlücke. Das fühlt sich seltsam an.

Max ist ungeduldig. „Wann kommt denn endlich der neue Zahn?", fragt er.
„Meiner ist schon da", sagt Pauline.
Tatsächlich guckt bei ihrer Zahnlücke schon der neue Zahn raus. Aber bei Max ist noch nichts zu sehen. Ob nun doch eine Zahnlücke bleibt?
„Dein neuer Zahn kommt schon noch", beruhigt ihn seine Mutter. „Es dauert höchstens ein paar Tage, bis du etwas Weißes sehen kannst."
„Und wann wackelt der nächste?", fragt Max.
Pauline probiert einen nach dem anderen durch, aber alle Zähne sind noch fest.

„Nur Geduld", sagt Mama. „Als Nächstes kommen die restlichen Schneidezähne dran, dann die vorderen Backenzähne und die Eckzähne. Und ganz zum Schluss kriegt ihr die neuen hinteren Backenzähne."
„Das kann ja noch bis Weihnachten dauern, bis wir mit unseren Wackelzähnen fertig sind!", stöhnt Pauline.
Mama lacht. „Noch viel länger! Das neue Gebiss mit den bleibenden Zähnen ist erst in etwa sieben Jahren fertig. Und dann kommen noch die Weisheitszähne. Das sind die hintersten Backenzähne – die kriegt ihr erst, wenn ihr erwachsen seid."
„Das ist ja super!", ruft Max. „Dann haben wir sieben Jahre lang Zahnlücken wie richtige Monster?"
„Die habt ihr", sagt Max' Mutter. „Und außerdem habe ich noch eine kleine Wackelzahn-Überraschung für euch."

„Juhu, zwei neue Obermonster!", ruft Max so laut, dass die Wände und die Milchzähne in den Schachteln wackeln.

Ich hab eine Freundin, die ist
Polizistin

Ralf Butschkow

CARLSEN

»Die Polizei, dein Freund und Helfer«. Eigentlich müsste das »deine Freundin und Helferin« heißen, denn meine beste Freundin heißt Meike und arbeitet bei der Polizei. Sie ist Verkehrspolizistin auf einem Motorrad und hat mich heute auf ihre Wache eingeladen, um mir alles genau zu erklären. Gerade kommt sie mit einem Kollegen von einer Streifenfahrt zurück. So nennt man das, wenn die Polizei in der Stadt herumfährt und schaut, ob alles in Ordnung ist.

Auf dem Revier werden wir von Meikes Kollegen begrüßt. Hierher kann man kommen, wenn man einen Unfall melden oder eine Anzeige aufgeben will.
»Hallo, willst du uns bei der Arbeit helfen?«, fragt mich der Polizist am Computer. Der Mann neben mir beschwert sich lautstark über einen anderen Verkehrsteilnehmer. Nein, da möchte ich doch lieber nicht bei der Arbeit helfen.

Nachdem Meike ihre Motorradkleidung ausgezogen hat, zeigt sie mir die Funkbetriebszentrale. Hier kommen die Anrufe an, wenn man die Notrufnummer 110 wählt. Und hier wird auch der Funkverkehr mit den Streifenwagen geregelt. Gerade kommt ein Notruf an: An einer Kreuzung hat es einen Verkehrsunfall gegeben. Ein Kollege von Meike schickt sofort über Funk zwei Streifenwagen an den Unfallort. Danach informiert er auch die Feuerwehr, denn es könnten bei dem Unfall ja auch Personen verletzt worden sein.

Meike erzählt mir, dass sie häufig zu Unfällen gerufen wird. Dann muss sie die anderen Autos an der Unfallstelle vorbeileiten oder sie muss genau aufschreiben, was passiert ist und wie die Personen heißen, die an dem Unfall beteiligt sind. Außerdem muss sie die Namen der Zeugen notieren, die alles beobachtet haben. Einen Unfallbericht schreiben, nennt man so etwas.

Gestern hat Meike bei einer »Mausefalle« geholfen. Das ist eine Verkehrskontrolle. Ein Polizist hält mit seiner Kelle Autos an. Die Fahrer müssen dann ihren Führerschein und ihren Ausweis zeigen und die Fahrzeuge werden überprüft. Der Motorroller ist wohl zu sehr beladen und das alte Auto sieht auch nicht so aus, als wäre es noch verkehrstüchtig. Manchmal fängt die Polizei bei Verkehrskontrollen auch Verbrecher, die schon lange gesucht werden. Oder die Polizisten merken, dass ein Autofahrer betrunken ist und nicht mehr fahren darf.

Auf dem Hof der Wache kommen uns zwei Polizisten auf Pferden entgegen. »Haben die keinen Führerschein?«, frage ich. Meike lacht. »Das ist die Reiterstaffel der Polizei«, erklärt sie. »In fast allen Großstädten gibt es Polizeireiter in der Innenstadt. Selbst wenn die Straßen verstopft sind, kommen die Pferde überallhin. Auch in die Fußgängerzonen, in Parkanlagen und in den Wald.«

Das finde ich toll, denn Pferde stinken nicht so wie Autos und Lärm machen sie auch nicht.

Auf dem Hof steht ein großer Hubschrauber. »Damit können wir ganz schnell zu Einsatzorten fliegen, die mit dem Polizeiwagen oder dem Motorrad schlecht zu erreichen sind«, erklärt Meike. »Außerdem kann man vom Hubschrauber aus besser den Verkehr überwachen und zum Beispiel Staus auf Autobahnen an die Funkzentrale melden.«

Da kommt plötzlich ein Einsatzauftrag. Meike soll mit Kollegen zu einer Villa fahren, in die eingebrochen wurde. Und ich darf mit! Als wir am Einsatzort ankommen, ist die Spurensicherung schon bei der Arbeit. Alles wird ganz genau nach Fingerabdrücken oder anderen Spuren untersucht. Oft helfen dabei auch Suchhunde mit. Ein Kollege fotografiert gerade einen verdächtigen Schuhabdruck im weichen Rasen. Plötzlich ruft jemand laut »Diebe!«. Zwei Taschendiebe nutzen das Durcheinander und versuchen die Schaulustigen zu bestehlen. Sie laufen weg, so schnell sie können. Sofort nehmen die Polizisten die Verfolgung auf.

Puh, ist Meike schnell! Als ich sie einhole, hat sie den einen Dieb schon fest im Polizeigriff. Die beiden anderen Polizisten haben das Versteck des anderen Diebs auch schon entdeckt. Gleich wird auch er festgenommen und auf die Polizeiwache gebracht. Dort werden dann die Personalien festgestellt und nachgeschaut, ob es sich bei den beiden um bereits gesuchte Personen handelt.

Zum Schluss zeigt mir Meike noch die Motorradstaffel der Polizei beim Üben. Natürlich fahren die Polizisten so nicht auf Streife. Das sind Kollegen von Meike, die ihre Akrobatik bei besonderen Anlässen zeigen. Unter dem Menschenhaufen ist übrigens wirklich ein Motorrad. Für dieses Kunststück müssen die Polizisten natürlich besonders fit sein und sehr oft trainieren.
Meike verrät mir noch ein Geheimnis: Sie will sich bald auch bei der Motorradstaffel bewerben und trainiert deshalb gerade besonders fleißig.

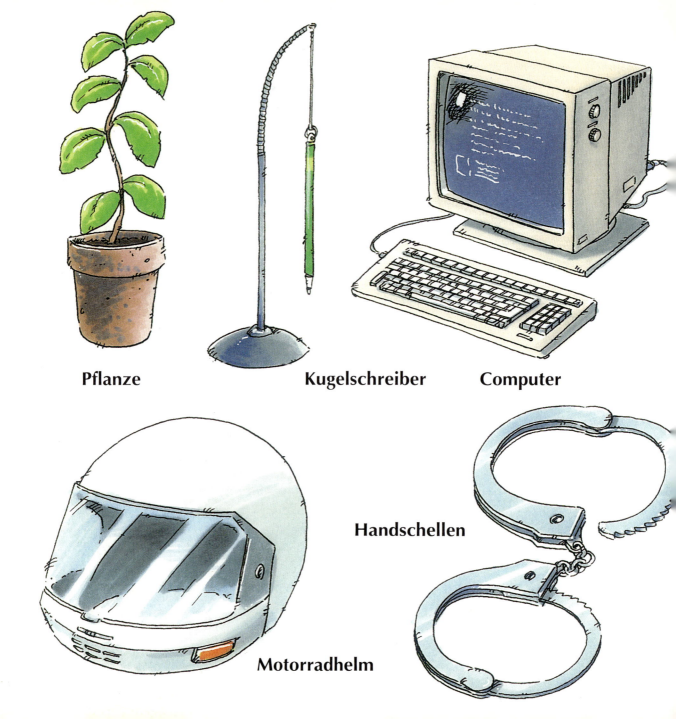

Das war wirklich ein toller Tag. Aber das Beste kommt noch: Meike bringt mich auf ihrem Motorrad nach Hause. »Gut festhalten!«, sagt sie, bevor wir losfahren. Ich habe zwar ein bisschen Angst, aber Meike fährt ganz vorsichtig und weit ist es auch nicht. Das macht Spaß! Ich glaube, ich werde später auch mal Motorradpolizist.

Tom bei den Piraten

Eine Geschichte von Christa Holtei
mit Bildern von Astrid Vohwinkel

CARLSEN

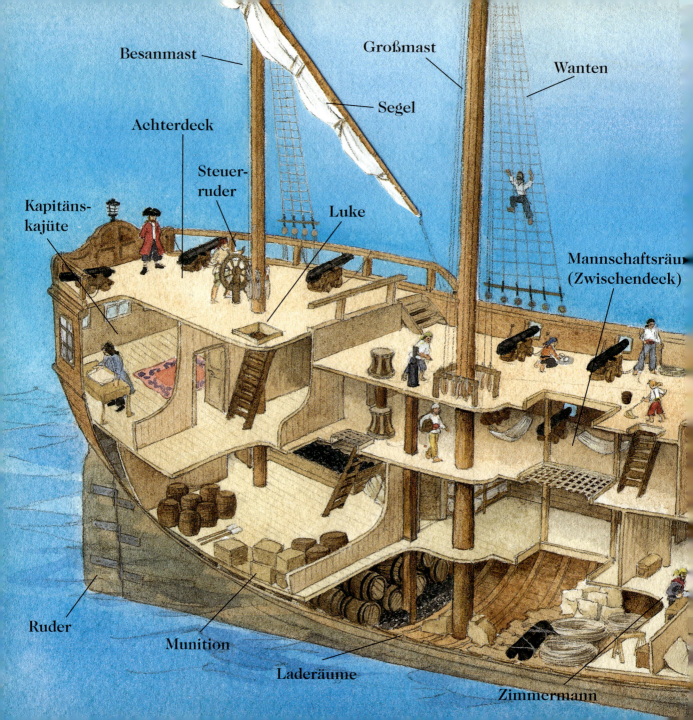

Tom Kidd ist sieben Jahre alt und lebt auf diesem Piratenschiff. Es ist ein großes Segelschiff mit drei Masten.

Heute Morgen döst Tom noch ein bisschen in seiner Hängematte. Die Sonne steht am Himmel und eigentlich muss er aufstehen. Vor einem Jahr hat er sich auf das Schiff geschmuggelt, weil er Seefahrer werden wollte. Aber er ist bei Piraten gelandet! Es war überhaupt kein Handelsschiff, auf das er in der Nacht damals geklettert war. Was für ein Schreck! Aber auf jeden Fall ist auf einem Piratenschiff immer was los.

Bob mit dem Holzbein ist Toms Freund. Er nennt Tom immer „Maskottchen". Bob meint nämlich, dass Tom ein Glücksbringer ist. Die Piraten haben viel mehr Beute gemacht, seit er an Bord ist.
„Nun steh schon auf, Maskottchen!", sagt Bob. „Der Kapitän hat ziemlich schlechte Laune." Kein Wunder! Es gibt nichts mehr zu essen an Bord und die Mannschaft ist unzufrieden.
„Los, Deck schrubben!", befiehlt der Kapitän Tom mürrisch.

Tom weiß inzwischen, warum man das Deck schrubben muss. Die Schiffsplanken trocknen sonst aus und werden undicht. Aber es ist so anstrengend mit leerem Magen! Und dann muss Tom auch noch in die Wanten hinauf. Er soll nach Schiffen Ausschau halten. Wie gut, dass ihm da oben nicht mehr schlecht wird. Der Ausguck ist 20 m hoch und schlingert hin und her.

Plötzlich werden Toms Augen immer größer. Da kommt ein großes Handelsschiff mit vollen Segeln auf sie zu! „Schiff in Sicht! Schiff in Sicht!", schreit er aufgeregt und klettert wieder hinunter. Der Kapitän ruft den Piraten Befehle zu: „Drei Mann an die Kanonen! Haltet die Waffen bereit! Hisst die Piratenflagge!"
Das Handelsschiff kommt immer näher. Es kann nicht mehr entkommen.

„Maskottchen, gleich wird's hier gefährlich!", sagt Bob mit dem Holzbein und schiebt Tom vor sich her zur Luke auf dem Oberdeck. „Du gehst jetzt besser runter und wartest, bis alles vorbei ist."
Tom ist enttäuscht, aber auch ein bisschen froh. Wenn die Piraten kämpfen, ist nicht mit ihnen zu spaßen! Gehorsam klettert er hinunter.
Bob schließt die Luke über ihm.

Es ist ganz still auf dem Schiff. Plötzlich ruft der Kapitän: „Klar zum Entern!", und dann ist der Teufel los. Tom hält es nicht aus und hebt die Luke ein bisschen hoch. Aber er sieht nur Beine. Die Piraten kämpfen barfuß, die anderen haben gute Schuhe.

Und da ist auch Bob mit dem Holzbein! Tom hört die Säbelklingen aufeinanderschlagen. Und dann rollt eine Eisenkugel qualmend auf ihn zu. Puh! Eine Stinkbombe! Schnell verkriecht sich Tom unter Deck.

Endlich holt Bob mit dem Holzbein Tom wieder aus seinem Versteck. Das große Handelsschiff brennt und auch das Piratenschiff ist beschädigt. Große Stücke der Reling fehlen. Auf dem Achterdeck passt der Kapitän stolz auf eine große Geldtruhe voller Schätze auf. Und die Mannschaft bringt Vorratsfässer und Kleidung unter Deck. Das können sie alle gut gebrauchen!

Piratengesetz

Jeder muss dem Kapitän gehorchen.
Jeder bekommt den gleichen Anteil an der Beute,
der Kapitän bekommt zwei Anteile.

Wer seine Waffen nicht sauber hält
und auf einen Kampf nicht vorbereitet ist,
bekommt keinen Anteil an der Beute.

Wer die anderen Piraten bestiehlt,
wird auf einer einsamen Insel ausgesetzt.

Wer sich mit anderen Piraten prügelt,
wird ausgepeitscht.

Die Piraten segeln in eine Bucht, wo sie das Schiff gut verstecken können. Der Kapitän versammelt alle am Strand. Jetzt wird die Beute geteilt.
„Einen Anteil für euch, zwei Anteile für mich!", sagt der Kapitän.
„So steht es im Piratengesetz."
Sogar Tom bekommt ein paar Münzen als Belohnung. Es sind spanische Golddublonen. Er hat schließlich das Schiff entdeckt!

Jetzt bessern die Piraten das Schiff aus. Sie sägen Hölzer für die Reling zurecht. Einer repariert ein dickes Tau. Tom hilft Bob beim Waffenputzen. Er sieht, wie Piet mit der Augenklappe Bobs Beuteanteil klauen will. Aber Bob ist schneller. Er hält ihm einfach eine Pistole unter die Nase. „Du willst wohl auf eine einsame Insel, was?", fragt Bob. Piet legt alles kleinlaut wieder hin. Er weiß ja nicht, dass die Pistole gar nicht geladen ist!

Abends sitzen alle um ein Feuer am Strand und feiern. Sie finden sich sehr schön mit der neuen Kleidung aus der Beute. Aus den Vorratsfässern holen sie Räucherwürste und Pökelfleisch. So was Leckeres haben sie lange nicht gegessen! Der Kapitän hat ausnahmsweise ein Fässchen Rum spendiert. „Nicht für dich!", sagt Bob zu Tom. Er schlägt ihm eine Kokosnuss auf und Tom trinkt die süße Milch.

Das Feuer ist heruntergebrannt. Tom liegt auf dem warmen Sand und sieht in den weiten Sternenhimmel hinauf. Die anderen lachen und erzählen sich Geschichten. Aber Tom träumt davon, Kapitän auf einem großen Handelsschiff zu sein. Dann trägt er auch feine Kleidung. Und er lässt sich ganz bestimmt nicht von Piraten hereinlegen!

Joachim Mallok

Dinosaurier

mit Bildern von Johann Brandstetter

CARLSEN

Wer waren die Dinosaurier?

Die Dinosaurier lebten vor langer Zeit, als es noch keine Menschen gab. Damals sah es auf der Erde anders aus als heute und es war auch viel wärmer. Die ersten Dinosaurier erschienen vor etwa 230 Millionen Jahren. Bis zu ihrem Aussterben vor 65 Millionen Jahren verbreiteten sie sich auf der ganzen Welt. Die Zeit der Dinosaurier nennt man auch das Erdmittelalter.

Die Dinosaurier gehören zu den Reptilien – wie Krokodile, Schildkröten, Schlangen und Echsen. Genau wie diese hatten sie eine schuppige Haut und legten Eier. Alle Dinosaurier lebten auf dem festen Land und hatten gerade, oft säulenförmige Beine.

Unter den »schrecklich großen Echsen« – das ist die deutsche Bedeutung des Namens Dinosaurier – gab es fleisch- und Pflanzenfresser. Hier pirscht sich ein fleischfressender *Dromaeosaurus* an eine pflanzenfressende *Maiasaura* heran, die ihr Nest bewacht. Beide Dinosaurier lebten vor 75 Millionen Jahren im heutigen Nordamerika. Alle fleischfressenden Dinosaurier liefen auf zwei Beinen. Unter den Pflanzenfressern gab es zwei- und vierbeinige Tiere.

Wie groß und wie schwer wurden die Dinosaurier?

Einige der Pflanzenfresser entwickelten sich zu wahren Riesen. Der *Brachiosaurus* erreichte eine Länge von 23 m und wurde größer als ein zweistöckiges Haus. Wenn er seinen Hals nach oben streckte, reichte sein Kopf bis in eine Höhe von 12 m. Mit einem Gewicht von bis zu 70 t wog er mehr als zehn große Afrikanische Elefanten.

Der *Brachiosaurus* lebte vor zirka 150 Millionen Jahren in Nordamerika und Afrika. Dort hat man sogar ein vollständiges Skelett von ihm gefunden. Von einigen vielleicht noch größeren Pflanzenfressern entdeckte man bislang nur Bruchstücke des Skelettes.

Daneben wirkt der zur gleichen Zeit lebende *Compsognathus* wie ein Zwerg. Der kleine, wendige Fleischfresser wurde kaum größer als ein Huhn und wog nur 3 kg. Seine versteinerten Überreste entdeckte man in Deutschland und Frankreich. Neben seinen Knochen wurde auch der Mageninhalt gefunden. Daher weiß man, dass er Eidechsen und Insekten fraß.

Welche Dinosaurier fraßen Pflanzen?

Alle Pflanzenfresser hatten ein Problem: Sie konnten ihre Nahrung nicht zermahlen, sondern nur grob zerdrücken. Deshalb mussten sie zur Zerkleinerung der Pflanzenkost Steine schlucken – so wie heute noch die Krokodile. Solche Mahlsteine fand man bei Tieren aller drei Pflanzenfressergruppen.

Die ersten Pflanzenfresser waren die Prosauropoden. Zu ihnen gehörte der auch in Deutschland gefundene *Plateosaurus*. Er lebte vor etwa 220 Millionen Jahren und ernährte sich von Blättern der Palmfarne und dem Grün verschiedener Nadelgehölze. Mit 8 m Länge und 4 m Höhe war er einer der größten Prosauropoden. Die Giganten des Erdmittelalters stammen aus der Gruppe der Sauropoden. Sie hatten lange Hälse und Schwänze und Füße wie Elefanten. Mit etwa 100 t Gewicht brachte der *Argentinosaurus* die Erde unter seinen Füßen zum Beben.

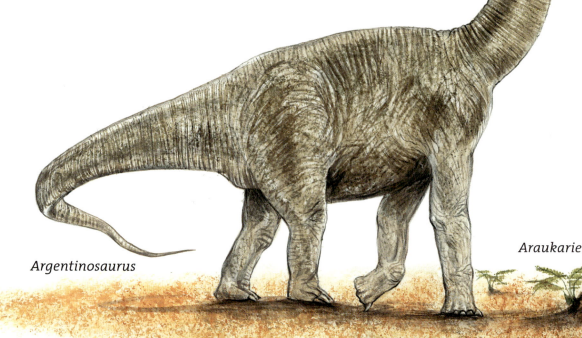

Argentinosaurus

Araukarie

Er konnte die Kronen der höchsten Bäume abweiden. Der *Argentinosaurus* lebte vor 90 Millionen Jahren in Südamerika.

Das *Iguanodon* zählt zur Gruppe der Vogelbeckendinosaurier, die alle einen kleinen Hornschnabel besaßen. Sein besonderes Merkmal war ein stachelartiger Daumen. Es benutzte ihn wahrscheinlich zum Abrupfen von Blättern oder als Waffe gegen seine Feinde. Das *Iguanodon* lebte vor zirka 120 Millionen Jahren in Europa, Afrika und Asien.

Iguanodon

Mahlsteine

Palmfarn

Plateosaurus

Wie verteidigten sich die bewaffneten Pflanzenfresser?

Diese Szene könnte sich vor 150 Millionen Jahren in Nordamerika abgespielt haben: Ein *Diplodocus* peitscht einen angreifenden *Allosaurus* in die Flucht. Der große Pflanzenfresser besaß mit seinem peitschenähnlichen Schwanz eine nützliche Waffe gegen die Raubsaurier. Ein Schwanzhieb des 27 m langen *Diplodocus* ist bestimmt sehr schmerzhaft gewesen. Auch andere Pflanzenfresser hatten Waffen zum Schutz vor Raubsauriern oder für Kämpfe mit Artgenossen.

Dem Rücken des *Stegosaurus* mussten sich Angreifer fern halten: Mit den langen, spitzen Dornen seines Schwanzendes konnte er ihnen schwere Verletzungen zufügen.

Der Körper des *Euoplocephalus* war mit Knochenplatten gepanzert und mit Dornen besetzt. Kam ihm einmal ein Raubsaurier zu nahe, konnte er mit seinem Keulenschwanz einen kräftigen Hieb austeilen.

Auch der *Triceratops* besaß eine abschreckende Waffe: Auf seinem Kopf trug er drei spitze Hörner. Zudem schützte ihn sein gepanzerter Nackenschild.

Wie verteidigten sich die unbewaffneten Pflanzenfresser?

Hier zieht eine Herde Entenschnabeldinosaurier an zwei angriffslustigen *Tyrannosauriern* vorbei. Die friedlichen *Edmontosaurier* nehmen ihre Jungtiere zum Schutz in ihre Mitte. Solange die Herde dicht zusammenbleibt, können die Raubsaurier kaum ein Angriffsziel auswählen. Bleibt jedoch einer der *Edmontosaurier* zurück, wird er zur leichten Beute für die hungrigen Fleischfresser. Diese Szene könnte sich vor 70 Millionen Jahren in Nordamerika abgespielt haben.

Außer den harmlosen Entenschnabeldinosauriern gab es noch viele andere wehrlose Pflanzenfresser. Wahrscheinlich bildeten auch sie große Herden zum Schutz vor räuberischen Fleischfressern. Einige versteinerte Fußspuren von pflanzenfressenden Dinosauriern deuten darauf hin.

Edmontosaurier

Tyrannosaurier

Wie gefährlich waren die Fleischfresser?

Die großen Raubsaurier jagten sicher nicht nur Pflanzenfresser, sondern auch ihre kleineren und schwächeren Verwandten. Einen Fleischfresser erkennt man leicht an seinen länglichen, spitzen Zähnen.

Der nur etwa 1 m hohe *Deinonychus* – zu Deutsch die »Schreckenskralle« – verdankt seinen Namen der großen, scharfen Kralle an seinen Füßen. Mit ihr konnte er seinen Opfern schwere Verletzungen zufügen. Der flinke Jäger lebte vor etwa 100 Millionen Jahren in Nordamerika. Er griff auch deutlich größere Saurier an.

Der *Allosaurus* gilt als einer der gefährlichsten Fleischfresser. Er besaß scharfe, nach hinten gebogene Zähne. Man vermutet, dass er sogar die großen Elefantenfußsaurier angriff (zum Beispiel den *Diplodocus*). Der *Allosaurus* wurde 12 m lang und bis zu 4,5 m hoch. Seine etwa 150 Millionen Jahre alten Überreste fand man bisher in Europa und Nordamerika.

Der *Tyrannosaurus* war nicht der größte Fleischfresser, wahrscheinlich aber der stärkste. Seine beachtliche Größe von 6 m Höhe und 12 m Länge wurde bisher nur vom *Giganotosaurus* übertroffen. Obwohl seine dolchartigen Zähne 15 cm lang wurden, streiten sich die Forscher darüber, ob der *Tyrannosaurus* ein Jäger oder vielleicht doch ein Aasfresser war. Er lebte am Ende der Saurier-Zeit vor etwa 70 Millionen Jahren in Nordamerika und Asien.

Deinonychus

Allosaurus *Tyrannosaurus*

Welche Saurier konnten fliegen?

Die Flugsaurier waren keine Dinosaurier. Sie lebten aber zur gleichen Zeit und stammen auch von den gleichen Vorfahren ab. Ihre Flügel bestanden aus Haut, die an einem verlängerten Fingerknochen aufgespannt war. Hautflügel besitzen auch die Fledermäuse.

Es gab zwei Gruppen von Flugsauriern: Der vor 200 Millionen Jahren lebende *Dimorphodon* gehörte zu den Langschwanz-Flugsauriern. Zur selben Gruppe zählt auch der möwengroße *Rhamphorhynchus*. Bei seinen 150 Millionen Jahre alten Überresten fand man auch Abdrücke von Haaren.

In späterer Zeit lebten die Kurzschwanz-Flugsaurier. Zu ihnen gehörten die größten fliegenden Lebewesen: Der *Pteranodon* hatte eine Flügelspannweite von 7 m, der gigantische *Quetzalcoatlus* sogar 12 m! Der *Pteranodon* schöpfte vermutlich Fische aus dem Wasser – wie ein Pelikan. Auch der kleinere *Pterodactylus* ernährte sich vor allem von Fischen.

Der vor 150 Millionen Jahren lebende *Archaeopteryx* gehört nicht zu den Flugsauriern. Er hatte gefiederte Flügel und wird deshalb auch »Urvogel« genannt. Er hatte aber Zähne, Finger mit Krallen und einen verknöcherten Schwanz. Diese Merkmale erinnern eher an einen Dinosaurier. Die Wissenschaftler vermuten daher, dass Vögel und Dinosaurier miteinander verwandt sind.

Archaeopteryx

Welche Saurier lebten im Meer?

Zur Zeit der Dinosaurier gab es auch einige Reptilien, die im Meer lebten: Der gigantische *Elasmosaurus* hatte einen schlangenartigen Hals und einen Rumpf wie eine Meeresschildkröte. Er wurde bis zu 14 m lang und lebte vor 70 Millionen Jahren vor Nordamerika und Japan. Sein kleinerer Verwandter, der *Plesiosaurus*, war ein geschickter Schwimmer, der vor 170 Millionen Jahren lebte. Überreste des 2,3 m langen Fischjägers fand man in England und Deutschland. Der australische *Kronosaurus* wurde 12 m lang und hatte einen riesigen, 2,7 m langen Schädel. Genau wie der *Elasmosaurus* und der *Plesiosaurus* bewegte sich der *Kronosaurus* paddelnd durchs Wasser.

Der bis zu 12 m lange *Mosasaurus* benutzte seinen langen, abgeflachten Schwanz zur Fortbewegung. Seine paddelförmigen Füße brauchte er nur zum Steuern.

Der *Ichthyosaurus* hatte die Form eines Delfins. Obwohl er ein Reptil war, legte er keine Eier, sondern gebar lebende Junge und bewegte sich im Wasser wie ein Fisch.

Plesiosaurus

Warum gibt es heute keine Dinosaurier mehr?

Die letzten Dinosaurier starben vor 65 Millionen Jahren aus. Mit ihnen verschwanden auch die Meeres- und Flugsaurier. Warum die Krokodile, Schlangen, Eidechsen, Schildkröten, Vögel und Säugetiere überlebten, kann bisher niemand erklären.

Vieles spricht dafür, dass sich die Lebensbedingungen für die Dinosaurier zum Ende des Erdmittelalters langsam verschlechterten. Die Kontinente glitten auseinander und die Meere zwischen ihnen wurden größer. Deshalb wurde es auf dem Festland kühler. Die Dinosaurier brauchten aber ein gleichmäßiges, feuchtwarmes Klima zum Leben.

Die Forscher nehmen an, dass weitere Gründe das Aussterben der Dinosaurier beschleunigt haben – zum Beispiel ein gewaltiger Meteoriteneinschlag oder heftige Vulkanausbrüche.

Triceratopsherde

Was hat man von den Dinosauriern gefunden?

Die ersten versteinerten Knochen und Zähne von Dinosauriern entdeckte man vor langer Zeit in England. Inzwischen haben Wissenschaftler Überreste auf allen Kontinenten gefunden. Einen ganzen Dinosaurier findet man sehr selten. Meistens werden nur einzelne Knochen oder Zähne entdeckt. Die lagen so lange unter der Erde, dass sie bereits zu Stein geworden sind. Versteinerte Überreste von Tieren oder Pflanzen nennt man Fossilien.

Anhand der Zähne kann man sofort erkennen, ob man einen Fleisch- oder Pflanzenfresser gefunden hat. Die Zähne der Fleischfresser sind spitz und länglich. Ein Pflanzenfresserzahn hat niemals eine spitze Krone. Seltener als Zähne findet man Eier, versteinerte Nahrungsreste, Fußspuren oder sogar Kot von Dinosauriern. Eine Sensation waren die Funde von versteinerten Abdrücken der Haut von Dinosauriern. Sie zeigten, dass die Dinosaurier schuppige Haut hatten – wie die heutigen Reptilien.

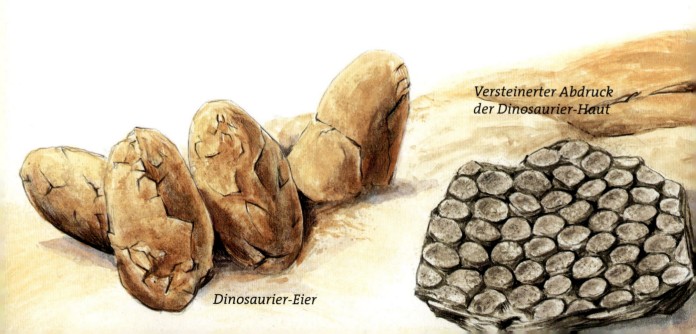

Versteinerter Abdruck der Dinosaurier-Haut

Dinosaurier-Eier

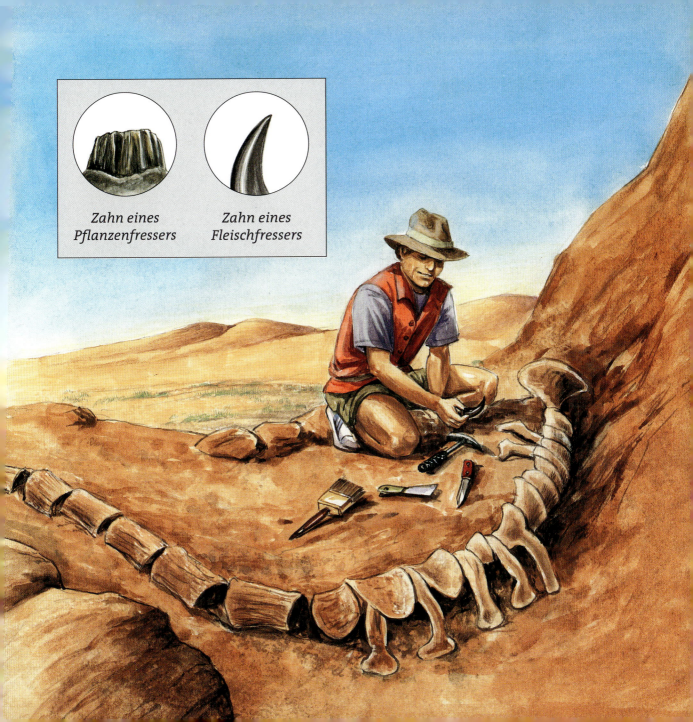

Wo kann ich mir Dinosaurier ansehen?

Dinosaurier gibt es in Naturkundemuseen fast überall auf der Welt zu sehen. Neben den wertvollen echten Skeletten sind dort Kopien aus Kunststoff und andere Fundstücke zu bestaunen.

Wer einmal neben dem Bein eines *Brachiosaurus* gestanden hat, wird sich bestimmt lange an die gewaltige Größe erinnern können. Außerdem gibt es in vielen Museen Experten, die dir gerne einiges über die Dinosaurier erzählen und deine Fragen beantworten. Dort erfährst du zum Beispiel, wozu die merkwürdigen Knochenplatten auf dem Rücken des *Stegosaurus* dienten. Er benutzte sie nämlich, um sich damit aufzuheizen oder abzukühlen.

Der rätselhafte Knochenkamm auf dem Kopf des *Parasaurolophus* hatte einen anderen Zweck. Er konnte damit Geräusche machen und sich so mit seinen Verwandten verständigen.

Auch die Eier von Dinosauriern kannst du dir im Museum anschauen. Die größten wurden über 40 cm lang.

Stegosaurus

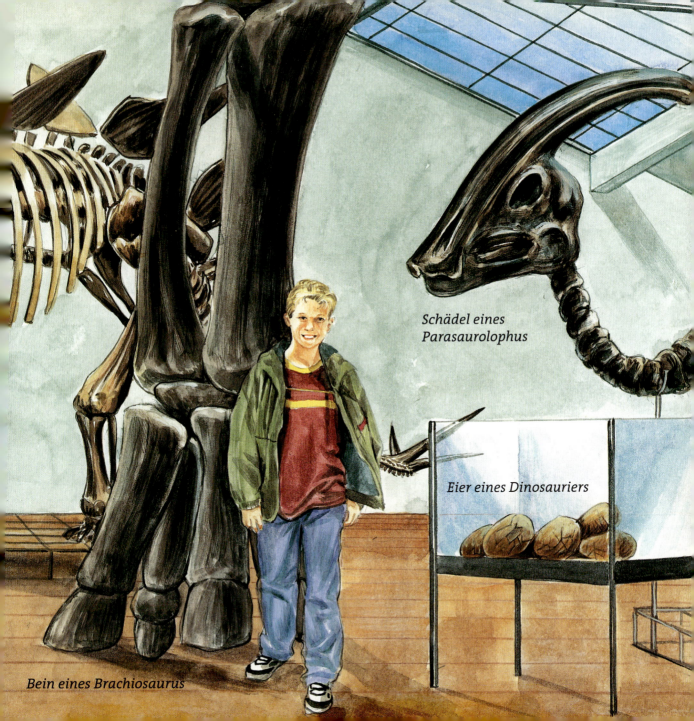

Wo gibt es Dinosaurier zu sehen?

Es gibt zahlreiche Museen und Parks, in denen Dinosaurier ausgestellt sind. Dort kannst du dich selbst umschauen oder von Experten durch die Ausstellungen begleiten lassen. Auch Spiel- und Mitmachaktionen für Kinder werden angeboten. Hier sind einige ausgewählte Dinosaurier-Ausstellungen mit ihren Internet-Adressen:

Museum für Naturkunde, Berlin
www.museum.hu-berlin.de

Museum für Naturkunde, Dortmund
www.museendortmund.de/naturkundemuseum

Naturmuseum Senckenberg, Frankfurt am Main
www.senckenberg.de

Saurierpark Kleinwelka
www.saurierpark.de

Dinosaurierpark Münchehagen
www.dinopark.de

Westfälisches Museum für Naturkunde, Münster
www.lwl.org/naturkundemuseum

Staatliches Museum für Naturkunde, Stuttgart
www.naturkundemuseum-bw.de/stuttgart

Österreich: Styrassic Park, Bad Gleichenberg
www.styrassicpark.at

Schweiz: Sauriermuseum Aathal
www.sauriermuseum.ch

Immo
der kleine Seehund

Eine Geschichte von Kathleen Weidner Zoehfeld
mit Bildern von Lisa Bonforte

Deutsch von Wiebke Krabbe

CARLSEN

»Maaa-maaa!« Immo, der kleine Seehund, robbt über den steinigen Strand und ruft nach seiner Mutter. Aus allen Richtungen hört er die Rufe anderer Seehundkinder. Aber er achtet gar nicht darauf. Er hat Hunger.

Ganz in der Nähe entdeckt Immo eine Seehundmutter. Schnell robbt er hin und reckt seine Nase in die Höhe, um an ihrem Hals zu schnuppern. Doch sie dreht sich um und jagt ihn fort. Das ist gar nicht seine Mutter! Immo robbt weiter und ruft immer lauter. Aber seine Mutter ist nicht weit weg. Da kommt sie schon!

Es ist Frühsommer. Viele Seehundmütter haben jetzt Babys bekommen. In einer geschützten Bucht haben sie sich versammelt, um ihre Jungen großzuziehen.
Die neugierigen Jungen erkunden den Strand und ihre Mütter folgen ihnen. Sie passen gut auf die Kleinen auf, damit sie nicht in Gefahr geraten.
Mühsam schiebt die Mutter des kleinen Seehundes ihren schweren Körper Stück für Stück näher an ihr Junges. Sie hört die Rufe vieler Seehundkinder, doch sie kann Immos Stimme genau erkennen.

Die Seehundmutter schnuppert an Immos Hals. An seinem Geruch kann sie ihr Junges sicher erkennen. Die beiden stupsen sich zur Begrüßung mit den Nasen an.
Der kleine Seehund schnüffelt aufgeregt an seiner Mutter. Sie dreht sich auf die Seite und er beginnt, ihre nahrhafte Milch zu trinken. Eine andere Seehundmutter kommt dazu. Sie sucht ihr Junges. Immos Mutter hebt den Kopf und wedelt mit einer Brustflosse. So sagt sie der anderen Seehundmutter, dass sie jetzt nicht stören darf.

Als der kleine Seehund satt ist, legt er seinen Kopf auf einen glatten, von der Sonne gewärmten Stein und schläft ein. Immo ist jetzt eine Woche alt. Sein hellgraues Fell hat viele braune Flecken. So kann man ihn zwischen den großen und kleinen Steinen am Strand aus der Ferne kaum erkennen.

Obwohl die jungen Seehunde eine gute Tarnfarbe haben, sind sie nicht vor Feinden sicher. Ein Rabe kreist am Himmel und die Seehundmütter rücken näher an ihre Jungen heran. Der Rabe landet und späht von der Kante einer Klippe auf den Strand hinab. Alle Seehundmütter beobachten ihn aufmerksam. Sie stupsen ihre Jungen an, damit sie aufwachen.

Der Rabe fliegt zum Strand hinab. Er wandert zwischen den Seehunden umher und pickt Muscheln auf. Als er sich dem kleinen Seehund nähert, schlägt seine Mutter heftig mit der Brustflosse, um den Vogel zu verjagen. Der Rabe fliegt wieder zum Rand der Klippe hinauf.

Die Mutter scheucht Immo ins Wasser. Sie weiß, dass er dort in Sicherheit ist. Seehunde sind von Geburt an sehr gute Schwimmer. Es ist Flut und die Wellen schlagen hoch auf den Strand hinauf. Der kleine Seehund platscht ins Wasser, dicht gefolgt von seiner Mutter. Gemeinsam gleiten sie geschmeidig durch das kalte, dunkle Wasser.

Die Flut ist die beste Jagdzeit. Die Mutter führt den kleinen Seehund ins tiefe Wasser. Sie hat den ganzen Vormittag auf ihr Kind aufgepasst und nun hat sie Hunger.
Sie taucht hinab und sucht nach Fischen. Auf dem Grund liegen Seesterne, doch die beachtet sie nicht. Mit ihren großen Augen kann sie in dem dunklen, trüben Wasser gut sehen. Und mit den Schnurrbarthaaren kann sie die winzigen Wellen spüren, die die Fische beim Davonschwimmen machen.

Plötzlich streckt eine kleine Flunder am Grund den Kopf in die Höhe. Die Seehundmutter schießt hinab in die Tiefe, packt den Fisch mit ihren scharfen Zähnen und verschlingt ihn im Ganzen.

Der kleine Seehund entdeckt einen Seeigel und taucht hinab, um ihn genauer anzusehen. Er stupst ihn mit der Nase an, doch der Seeigel hat spitze Stacheln. Als der kleine Seehund sich wegdreht, schwimmt ein Stück Seetang an seiner Nase vorbei. Er schnappt es und trägt es mit den Zähnen an die Wasseroberfläche. Dort lässt er es fallen und sieht zu, wie es davontreibt.

Die Mutter schwimmt herbei und schnappt sich den Seetang. Es ist Zeit zum Spielen. Der kleine Seehund und seine Mutter tauchen und rollen sich im Wasser. Sie schwimmen hin und her und werfen sich dabei das Stück Seetang zu.

Einige Wochen lang geht der kleine Seehund so mit seiner Mutter auf die Jagd und schaut ihr zu. Jeden Tag trinkt er die Milch seiner Mutter und wächst. Er bekommt eine dicke Fettschicht, die ihn auch in eisigem Wasser warm hält.

Eines Tages fängt der kleine Seehund seine erste Krabbe. Sie schmeckt ihm gut. Bald kann er auch Fische und Tintenfische fangen. Nun weiß die Mutter, dass es Zeit ist, Immo in eine Bucht zu bringen, wo er mit anderen Seehundkindern spielen und jagen kann. Er schwimmt von seiner Mutter weg, um sich zu den anderen Jungen zu gesellen.

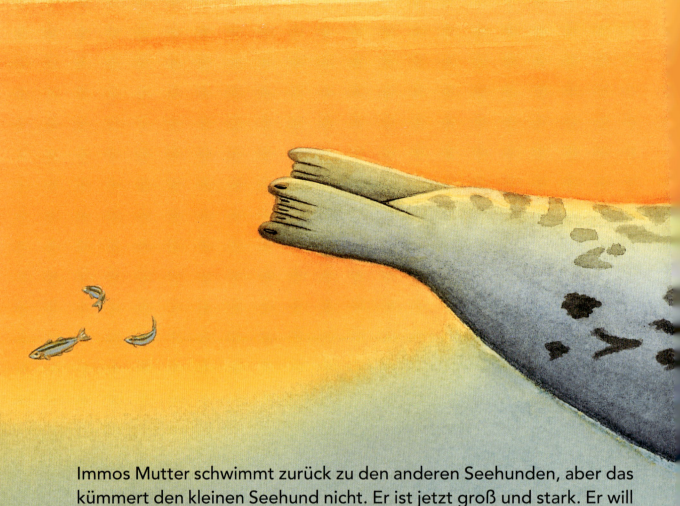

Immos Mutter schwimmt zurück zu den anderen Seehunden, aber das kümmert den kleinen Seehund nicht. Er ist jetzt groß und stark. Er will mit den anderen Seehunden spielen, und er kann seine Nahrung selbst fangen.
Jeden Tag brechen die jungen Seehunde auf und gehen allein im kalten Wasser auf die Jagd. Wenn sie zurückkehren, ruhen sie sich zufrieden an ihrem Lieblingsstrand aus.

Wissenswertes über Seehunde

Der kleine Seehund in diesem Buch lebt an der Küste des Nordatlantiks in Amerika. Aber auch bei uns gibt es Seehunde: an der Nordsee und der Ostsee. Im holländischen, deutschen und dänischen Wattenmeer gibt es zurzeit etwa 20 000 – 25 000 Seehunde, davon ca. 7 500 in Schleswig-Holstein.
Die Jungtiere werden im Juni und Juli bei Ebbe geboren und folgen der Mutter bei der nächsten Flut ins Wasser.
Seehunde atmen Luft und sind Säugetiere, doch sie leben im Wasser und an Land. Mit ihren stromlinienförmigen Körpern und den kräftigen Hinterflossen können sie über 480 Meter tief tauchen. Sie bleiben bis zu 30 Minuten unter Wasser. Am Meeresgrund suchen sie nach Fischen.
Im Nordatlantik und Pazifik fressen sie auch Krabben, Seeschnecken, Tintenfische und andere Meerestiere.
An Land bewegen sich Seehunde viel schwerfälliger als im Wasser. Wie gewaltige Raupen schieben sie ihren schweren Körper vorwärts. Sie kommen zum Ausruhen auf Seebänke oder an den Strand. An der Nordsee sammeln sie sich bei Ebbe in großen Gruppen. Bei Flut gehen die Seehunde im Meer auf Nahrungssuche.

In diesem Buch kannst du viele andere interessante Tiere entdecken:

1	Rabe
2, 3, 4, 5	Atlantik-Hering, Seesterne, Seeigel, Flunder
6, 7, 8	Streifenfische, Kamm-Muschel, Seeigel

Die **LESEMAUS** ist eine eingetragene Marke des Carlsen Verlags.

Sonderausgabe im Sammelband 1. Auflage 2007
Umschlagkonzeption der Reihe und Illustration der Maus: Hildegard Müller
Lesemaus-Redaktion: Susanne Schürmann (Leitung), Sandra Ladwig
Umschlagtypografie: Doris K. Künster, Hamburg
Umschlaglithografie: Buss & Gatermann, Hamburg
Druck und Bindearbeiten: Zanardi Group, Italy
ISBN 978-3-551-08715-7
Printed in Italy

Janko, das kleine Wildpferd
Originalcopyright © 1999 Middelhauve Verlags GmbH, jetzt Verlagsgruppe Beltz, Weinheim
Originaltitel: WILDPFERDE

Max und der Wackelzahn
© Carlsen Verlag GmbH, Hamburg 2004

Ich hab eine Freundin, die ist Polizistin:
© Carlsen Verlag GmbH, Hamburg 1998

Tom bei den Piraten
© Carlsen Verlag GmbH, Hamburg 2004

Dinosaurier
© Carlsen Verlag GmbH, Hamburg 2002

Immo, der kleine Seehund
Alle deutschen Rechte bei Carlsen Verlag GmbH, Hamburg 2002
Originaltitel: SEAL PUP GROWS UP
Originalverlag: Soundprints
Book copyright © 1994 by Trudy Corporation, and the Smithsonian Institution, Washington, DC 20560